MALEN MIT ÖLFARBEN

MALEN MIT
ÖLFARBEN

__EDITION__
MICHAEL FISCHER

Titel der Originalausgabe:
,,Pintura al Oleo''
Aus dem Englischen übertragen von Christa L. Cordes

1. Auflage 1987
© 1983 by José M. Parramón Vilasaló
Alle Rechte der deutschsprachigen Ausgabe bei
Edition Michael Fischer, Stuttgart
Herstellung und Satz:
Verlagsservice Henninger GmbH, Würzburg

Printed in Spain by
Sirven Grafic, S.A.
Gran Vía, 754 - 08013 Barcelona
Legal Deposit: B-8804-87

ISBN 3-924433-36-4

Inhalt

1. Kleine historische Einführung
Die Malerei bis zum 15. Jahrhundert, 7
Eine bedeutsame Entdeckung, 7
Die Geburtsstunde der Königin der Malerei, 8
Von Tizian bis Velasquez, 8
Die Ölmalerei heute, 9

2. Kunst und Technik der Ölmalerei
Wie weit darf das Modell I entfernt sein, 10
Wir beginnen ein Ölbild, 10
Zuerst eine Vorzeichnung oder sofort Farbe, 11
Die Anordnung der Farben auf der Palette, 11
Die Haltung des Pinsels, 11
Mager oder fett, 12
Zu Beginn die großen Flächen, 13
Es folgen die Schattenzonen, 13
In den Schatten befindet sich stets Blau, 13
Zunächst ein Bild nur mit drei Farben, 14
Eine wichtige Übung, 17
Malen wie ein Valorist, 17
Malen wie ein Kolorist, 17
Die Harmonisierung der Farben, 17
Die Harmonieskala der warmen Farben, 18
Die Harmonieskala der kalten Farben, 18
Die Harmonieskala der gebrochenen Farben, 18
Die Farbkontraste, 18
Der maximale Farbkontrast, 18
„Gebt mir eine Handvoll Dreck, und ich male Euch die Haut der Venus“, 19
Fett oder mager, 19
Die Wahl des Themas, 19
Malen Sie keine Themen sondern Motive, 20
Man malt, wie man zeichnet, 20
Kleinformatige Farbentwürfe, 20
Die Kunst der Komposition, 20
Einige Kompositionsmuster, 21
Die Betonung der dritten Dimension, 21
Die Einfügung eines klar erkennbaren Vordergrunds, 22
Erzeugung von Tiefe mit Hilfe der Perspektiven, 22
Die zwischengeschobene Atmosphäre, 22
Die schwierige Kunst der Interpretation, 23
Ein alter Trick zum Studium des Bildausschnitts, 24
Kneifen Sie die Augen zusammen, 24
Das Problem des Blendens, 24
Die beste Zeit zum Malen im Freien, 25
Die Lasurtechnik, 25
Die Primatechnik, 26
Ein Bild in drei oder vier Stunden, 26
Die Technik der Schichtenmalerei, 28
Mehrere Tage (oder Wochen) für ein Bild, 28
Saubere Pinsel, saubere Palette, saubere Farben, 29

3. Ratschläge und Hinweise
Sorgen Sie rechtzeitig für Ersatzfarben, 30
Wenn der Verschluß klemmt, 30
Ein Hut mit breiter Krempe für das Land, 30
Ein Kofferradio ist nützlich, 30
Auch ein Schirm ist wichtig, 31
Eine Kühlbox leistet gute Dienste, 31
Nützliches Zubehör: ein Fotoapparat, 31
Tragen Sie alte Kleidung, 32
Eine Schnur muß zur Hand sein, 32
Wenn die Feldstaffelei schwankt, 33
Die Wiederverwendung einer alten Leinwand, 33
Öfter mal eine Pause, 33
Hören Sie rechtzeitig auf, 33
Signieren Sie wie ein Profi, 34
Die Kosten für ein Ölgemälde, 34
Der Verkaufspreis eines Ölgemäldes, 34
Die Zeit spielt keine Rolle, 35

Jan van Eyck, der zu Beginn des 15. Jahrhunderts lebte, entdeckte den Brügger Weißlack, der dem heutigen Terpentin entspricht. Mischt man diesen mit Öl und Farbpigmenten, trocknet die Farbe auch im Schatten und behält ihr leuchtendes, glänzendes Aussehen bei.

Die Malerei bis zum 15. Jahrhundert

Bis zum Jahre 1410 malten die Künstler mit Temperafarben (eine Mischung aus destilliertem Wasser, Eigelb und Farbpigmenten) auf Holztafeln. In verschiedenen Versuchen mit der Temperatechnik hatten sie bereits herausgefunden, daß sich die Farben wesentlich beleben ließen, wenn man das Bild mit einer dünnen Schicht Leinöl überzog. Dann erhielt das Werk seine Leuchtkraft und den Glanz eines frisch angefertigten Temperabildes zurück. Andere Maler stellten Versuche mit verschiedenen Mischungen von Leinöl und Eigelb an. Sie erkannten jedoch bald, daß auf diese Weise hergestellte Ölfarben und Lacke außerordentlich langsam trockneten, so daß die Bilder tagelang der Sonne ausgesetzt werden mußten. Dabei konnten die Farben leicht schwarz werden und das Weiß einen Gelbstich bekommen.

Eine bedeutsame Entdeckung

Auch der junge flämische Maler Jan van Eyck aus Brügge (Belgien) ließ im Jahre 1410 einmal eines seiner Werke, das mit Temperafarben gemalt und mit einer Leinölschicht gefirnißt war, in der Sonne trocknen. Als er es zwei Tage später erneut betrachtete, stellte er zu seinem Entsetzen fest, daß die Farbschicht gerissen war. Von diesem Tag an gab er keine Ruhe, bis er eine Ölfarbenmischung gefunden hatte, die auch im Schatten trocknete. Die Suche dauerte viele Monate. Endlich stellte van Eyck fest, daß ein Bild ohne Schwierigkeiten im Schatten trocknete, wenn man eine geringe Menge Brügger Weißlack unter das Leinöl mischte. Wissenschaftler haben inzwischen nachgewiesen, daß es sich

bei diesem Brügger Weißlack um jenes Terpentin handelt, das wir heutzutage den Ölfarben beimischen, um den Trocknungsprozeß zu beschleunigen.

Die Geburtsstunde der Königin der Malerei

Von diesem Augenblick an begannen die Künstler, Brügger Weißlack und Leinöl mit jenen Farbpigmenten zu mischen, die sie zuvor für die Temperafarben benutzt hatten. Sie merkten bald, daß sich mit der neuen Farbe wesentlich besser arbeiten ließ. Ja, sie konnten den Trocknungsprozeß sogar beliebig beschleunigen oder verlangsamen, indem sie die Menge Brügger Weißlack verringerten oder vergrößerten. Verwendeten sie überhaupt kein Leinöl, ließen sich selbst hauchdünne Lasuren anlegen. War die Farbe dagegen fetter und enthielt mehr Leinöl als Brügger Weißlack, ließen sich während des Trocknungsprozesses noch Korrekturen anbringen, ohne daß sich die vorige Farbschicht auflöste. Die Farben behielten ihr frisches Aussehen und trockneten schließlich problemlos und ohne jedes Risiko im Schatten. Dies war der Beginn der eigentlichen Ölmalerei. Jan van Eyck war die bedeutsamste Entdeckung der Malerei gelungen.

Von Tizian bis Velasquez

In der Zeit vor Tizian arbeiteten die Maler mit dünnen spitzen Pinseln und malten mit unendlicher Geduld auch die winzigsten Einzelheiten, als beruhe die Qualität eines Werkes eben auf diesen Details. Tizians Nachfolger benutzten Schweinsborstenpinsel. Sie verzichteten auf die Details und legten vor allem Wert auf das Thema, also das Gesamtbild. Tizian entdeckte und malte als erster die optischen Grautöne und benutzte dazu eine Skala gebrochener Farben, mit deren Hilfe ihm eine unvergleichliche Transparenz und hervorragende Abstufungen innerhalb der Übergänge vom Licht zum Schatten gelangen. Velasquez malte auf einer groben Leinwand. Diese überzog er zunächst mit einer gleichförmigen Grundierung in Venedigrot, genau derselben Farbe, mit der auch Tizian den Malgrund bedeckte, bevor er sein eigentliches Werk in Angriff nahm. Velasquez hielt sich ebensowenig wie Tizian lange mit einer detaillierten Vorskizze auf. Er begann sein Bild mit einem

Tizian, *Danae empfängt den Goldregen*, Prado, Madrid. Rechts: Velasquez, *Die Infantin Margarita*. Tizian und hundert Jahre später Velasquez gaben der Technik der Ölmalerei neuen Auftrieb. Beide Künstler waren in vieler Hinsicht Vorläufer des Stils und der Methoden der Maler des 20. Jahrhunderts.

Die Ölmalerei heute

Diese Malweise änderte sich bis Picasso nicht. Seit Beginn unseres Jahrhunderts ist eine erhebliche Verbesserung des Materials und insbesondere der Ölfarben festzustellen. Das hat zur Folge, daß sich praktisch alles als Malgrund eignet, angefangen von der Backsteinwand bis zum Papier mit einer weißen bis zu einer schwarzen Grundierung. Man malt mit Pinseln, Spachteln und selbst einer Spritzpistole mit Farben, wie sie aus der Tube kommen, oder so flüssigen bzw. dünnen Lasuren, daß die Leinwand nicht allein als Malgrund dient, sondern die Struktur des Werkes bestimmt. Alles ist möglich. Das Material wird sämtlichen Wünschen gerecht, solange Sie einige Grundregeln berücksichtigen, die wir in diesem Buch erklären wollen.

gutgefüllten Pinsel und zeichnete und malte gleichzeitig. Er legte zunächst eine dicke Farbschicht auf der Leinwand an, ähnlich dem „Farbbett“, das er bei Tizian gesehen hatte. Velasquez malte direkt. Sein erstes Stadium bestand überwiegend aus einer Untermalung mit graustichigen Farben, auf die er später in der für ihn typischen natürlichen und spontanen Art die endgültigen Farben legte. Dabei behielt er die ursprüngliche Grisaillewirkung bei und betonte dadurch das von Tizian entdeckte optische Grau.

Karel Appel, Wandgemälde in Öl, Sekretariat der Unesco, Paris. Die Ölfarbe eignet sich für alle Untergründe und Themen. Sie wurde auch für dieses Wandgemälde im Gebäude der Unesco in Paris verwendet.

2. Kunst und Technik der Ölmalerei

Wie weit darf das Modell entfernt sein

Beim Malen eines Stillebens beträgt der günstigste Abstand zwischen dem Künstler und seinem Modell eineinhalb Meter. Bei einem üblichen Blickpunkt beträgt der Gesichtswinkel etwa 45 Grad. Für die Darstellung eines Halbporträts sollte der Abstand zwischen Ihnen und dem Modell etwa zwei Meter betragen. Bei einem Porträt verringert sich diese Entfernung auf rund eineinhalb Meter. Nur wenn Sie ein Ganzbild anfertigen, darf der Abstand mehr als zwei Meter betragen.

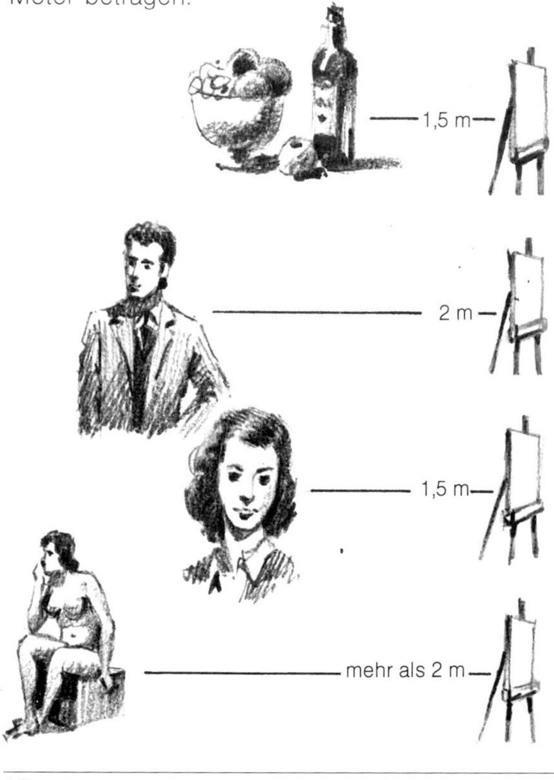

Bei einem Ölgemälde sollte der Kopf übrigens niemals größer als das Original dargestellt werden.

Wir beginnen ein Ölbild

Bevor der Maler mit seinem Werk beginnt, betrachtet er sein Modell eine ganze Weile recht genau. Er untersucht die Wirkung von Licht und Schatten, studiert die Kontraste, analysiert die Formen und Farben und versucht, sich das fertige Bild vorzustellen. Anschließend kann er mit der Interpretation des Modells beginnen und die Formen, Farben und Kontraste nach seinen Vorstellungen verändern. Und schon ist es soweit. Das große Abenteuer kann beginnen. Das Modell steht fest, Pinsel, Farben und Palette liegen bereit, die weiße Leinwand steht da, „leer und bereit, ihr Weiß zu verteidigen", wie Mallarmé sagte, als er beschrieb, wie schwierig der Beginn des Malens ist. Und an welcher Stelle beginnt man zu malen?

Zuerst eine Vorzeichnung oder sofort die Farbe

Bei dieser Frage handelt es sich um einen uralten Streit. Es scheint, daß Maler, die kaum die Schatten darstellen und ihr Modell mit frontalem oder diffusem Licht beleuchten, die alle Formen als Farbflecken sehen und darstellen (Bonnard, van Gogh, Matisse etc.), also die Koloristen, ihr Bild direkt mit Farbe beginnen. Die übrigen Künstler, die sogenannten Valoristen, die mit Licht und Schatten malen (Chardin, Corot, Dali, Manet, Nonell etc.), beginnen ihr Bild dagegen normalerweise mit einer Vorzeichnung. Sie analysieren die Wirkung von Licht und Schatten und versuchen, die Formen der Gegenstände damit wiederzugeben. Zwischen diesen beiden Extremen gibt es allerdings einen allgemein anerkannten Mittelweg, der aus einer raschen Vorskizze besteht, wie anhand des Ausschnitts des unvollendeten „Stilleben mit Krug" von Paul Cézanne zu erkennen.

Die Anordnung der Farben auf der Palette

Beim Malen mit einer Palette setzt man die Farben in einer bestimmten Reihenfolge ab. Die Anordnung folgt der Regel: Die hellen Farben – angefangen mit Weiß – auf die linke Seite und die dunkleren auf die rechte. Die Farben werden jeweils am Palettenrand abgesetzt. Die Mitte bleibt frei für die Mischungen. Von rechts nach links bedeutet dies: Weiß, Zitronengelb, Goldgelb, Lichter Ocker, Siena natur, Kadmiumrot, Krappkarmin, Smaragdgrün, Umbra, Kobaltblau, Ultramarin und Preußischblau.

Die Haltung des Pinsels

Man hält den Pinsel normalerweise wie einen Bleistift, nur faßt man den Stiel etwas höher. Dadurch erhält man a) eine lockere, impressionistische Malweise und b) einen größeren Abstand zwischen sich und dem Bild und somit einen besseren Überblick über das Werk. Neben dieser Art, den Pinsel zu halten, gibt es eine zweite

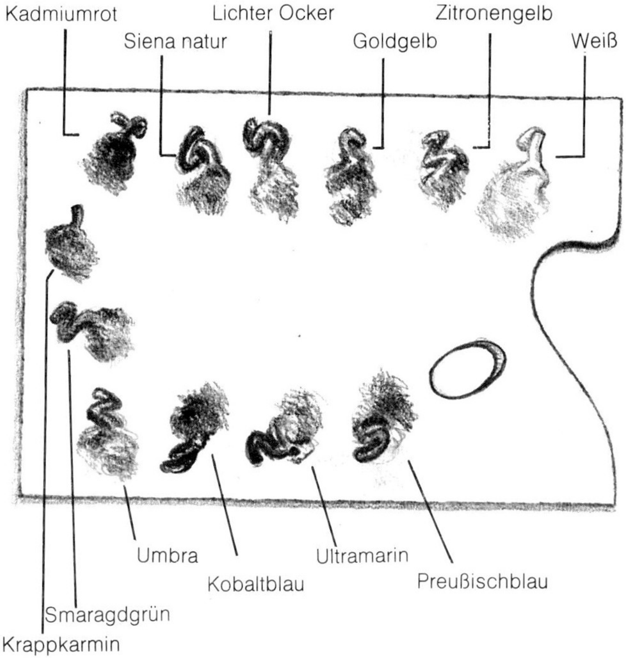

Möglichkeit. Hierbei liegt der Pinselstiel innen in der Hand. So können Sie besser mit ausgestrecktem Arm malen.

Mager oder fett

Auch hierfür gibt es keine allgemeingültige Regel. Betrachten Sie Degas' Bild „Der Absinth" von nahem, stellen Sie fest, daß es mit einer ganz dünnen Lasur gemalt wurde, bei der die Struktur der Leinwand deutlich sichtbar blieb – als wären Aquarell- oder Acrylfarben sehr stark mit Wasser verdünnt worden. Sehen Sie sich dagegen ein beliebiges Werk von van Gogh an, erkennen Sie, daß die Farbschicht so dick ist, als wären die Farben mit Spritzern aus der Tube und nicht mit einem Pinsel angelegt worden. Es gibt also keine Regel. Allerdings wage ich zu behaupten, daß Energie, Mut, Leidenschaft und Hingabe während des Malens sich eher durch eine fette Malweise ausdrücken.

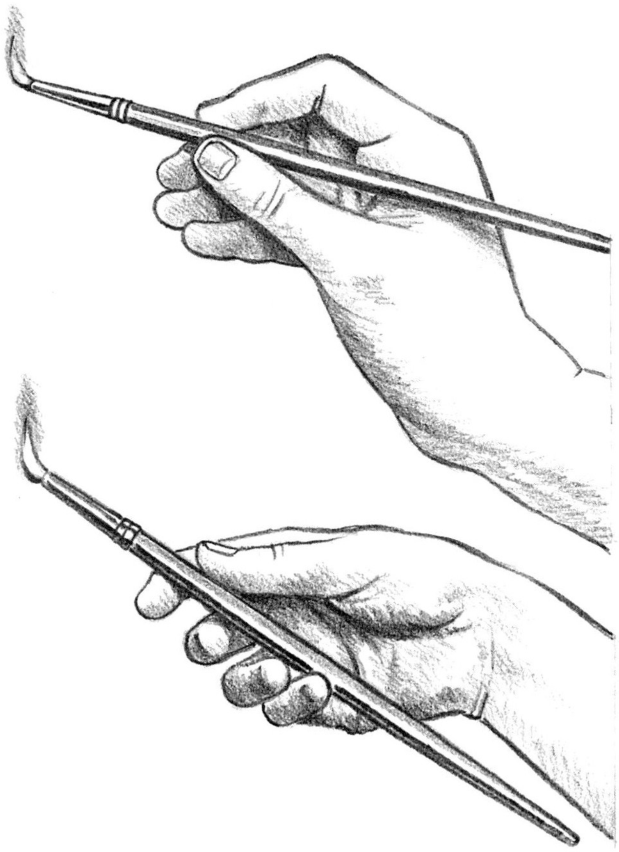

Zwei Möglichkeiten, den Pinsel zu halten: wie einen Bleistift oder mit dem Stiel innenliegend.

Zu Beginn die großen Flächen

Das Gesetz der Simultankontraste lehrt uns, daß die Helligkeit bzw. Dunkelheit einer Farbe von der Farbe des Hintergrundes bestimmt wird. Berücksichtigen wir diese Tatsache, wäre es gewiß falsch, wenn wir ein Bild mit einer kleinen Zone oder einem einzelnen Gegenstand auf der weißen Leinwand begännen. Sein Tonwert könnte sich später, wenn wir die Hintergrundfarbe anlegen, entscheidend verändern.

Im Gegenteil: Wir sollten die gesamte weiße Leinwand so rasch wie möglich mit Farbe bedecken. Deshalb beginnen wir mit den großen Zonen. „Ich beginne immer mit dem Himmel“, sagte Sisley, auf seine Landschaftsbilder angesprochen.

Es folgen die Schattenzonen

Der Maler Corot antwortete seinem Freund Pissaro, als dieser ihn in sehr jungen Jahren um Rat bat: „Beginne immer mit der Anlage der Schatten.“ Das ist ein sehr nützlicher Hinweis. Wenn Sie die Schatten von Anfang an berücksichtigen und mit praktisch flachen Farben und Flecken anlegen, modellieren Sie auch die Formen. Gleichzeitig kontrollieren Sie vom ersten Pinselstrich an die Kontraste.

In den Schatten befindet sich stets Blau. Dies wird insbesondere in den Schatten weißer Formen sichtbar, wie bei dieser sonnenbeschienenen Kirche.

In den Schatten befindet sich stets Blau

Wenn das Tageslicht nachläßt, nehmen alle Farben einen leichten Blaustich an. Beobachten Sie dies einmal in einer Landschaft. Sobald die Sonne sinkt, verändern sich die Farben. Sie werden zunächst rötlich, dann scharlachrot und wechseln dann zu einem violetten und purpurnen Ton. Und bei Sonnenuntergang, wenn das Licht verlöscht, wird alles bläulich, ja beinahe blauschwarz. Schatten sind im Grunde nichts anderes als „Stellen mit weniger Licht“. Folglich weisen sie ebenfalls Blau auf. Deshalb brauchen Sie die Schattenfarben nicht gesondert zu analysieren. Es genügt, wenn Sie Ihrer Palette Blau hinzufügen.

Zunächst ein Bild nur mit drei Farben

Kadmiumgelb mittel, Krappkarmin dunkel und Preußischblau entsprechen in der Ölmalerei den Grundfarben.

Nur mit diesen drei Grundfarben plus Weiß lassen sich alle Naturfarben mischen, selbst Schwarz.

1. Mischen Sie zunächst Preußischblau mit Weiß und fügen Sie Kadmiumgelb und ein wenig Krappkarmin hinzu, bis Sie den gewünschten Ton erzielt haben.
2. Krappkarmin und Blau, die mit ein wenig Weiß und Gelb aufgehellt werden.
3. Zunächst ein bläuliches Purpur, das mit Weiß aufgehellt wird, dann etwas Gelb hinzufügen.
4. Mischen Sie zunächst ein Orange aus Gelb und Krappkarmin, fügen Sie Weiß hinzu, und „verschmutzen“ Sie die Mischung mit einer Spur Blau.
5. Krappkarmin und Gelb; von letzterem den größeren Anteil.
6. Gelb, Weiß und etwas Blau ergeben ein leuchtendes Grün, dem man nach und nach Krappkarmin hinzufügt.
7. Weiß, etwas Krappkarmin und noch weniger Blau.
8. Viel Weiß, etwas Gelb und etwas Blau.

Machen Sie den Versuch. Stellen Sie ein Stilleben ähnlich dem auf dieser Seite als Modell zusammen, und malen Sie es ausschließlich mit den drei Grundfarben plus Weiß. Auf diese Wei-

Dies ist ein Beispiel für eine koloristische Malweise. Beachten Sie, daß die Formen der Gegenstände im wesentlichen durch ihre Farben ausgedrückt werden und sich das Spiel von Licht und Schatten kaum auswirkt. Beginnen Sie mit der Anlage des Hintergrunds, und fahren Sie fort mit dem Krug, den Früchten und schließlich dem Tischtuch. Versuchen Sie, das Bild auf Ihre Weise entsprechend Ihren Vorstellungen zu gestalten. Malen Sie mit Begeisterung. Gehen Sie ganz in Ihrer Arbeit auf. Mehr als drei Stunden sollten Sie nicht dafür benötigen. Ein Bild mit nur drei Farben ist eine leichte, amüsante und sehr nützliche Übung.

1. Weiß + Kadmiumgelb mittel.
2. Weiß + Lichter Ocker.
3. Weiß + Lichter Ocker + Kadmiumrot.
4. Siena natur + Kadmiumrot.
5. Lichter Ocker + Umbra gebrannt + etwas Smaragdgrün + eine Spur Weiß.
6. Weiß + Lichter Ocker + Smaragdgrün + Krappkarmin.
7. Kadmiumgelb + Krappkarmin dunkel.
8. Weiß + Kadmiumrot.
9. Weiß + Krappkarmin dunkel.
10. Kadmiumgelb mittel + Umbra gebrannt.
11. Lichter Ocker + Smaragdgrün + Kadmiumgelb + Weiß.
12. Krappkarmin + Smaragdgrün.

1. Weiß + Preußischblau.
2. Weiß + Ultramarin hell.
3. Weiß + Kobaltblau hell.
4. Kadmiumgelb mittel + Preußischblau.
5. Weiß + Smaragdgrün.
6. Weiß + Krappkarmin + Ultramarin hell.
7. Weiß + Preußischblau + Smaragdgrün.
8. Weiß + Smaragdgrün + etwas Lichter Ocker + etwas Kadmiumgelb.
9. Kadmiumgelb + Smaragdgrün.
10. Preußischblau + Weiß + Krappkarmin.
11. Lichter Ocker + Smaragdgrün + etwas Weiß.
12. Preußischblau + Smaragdgrün.

Das Bild von Gerard „Amor und Psychis“ im valoristischen Stil drückt die Formen durch das Spiel von Licht und Schatten aus.

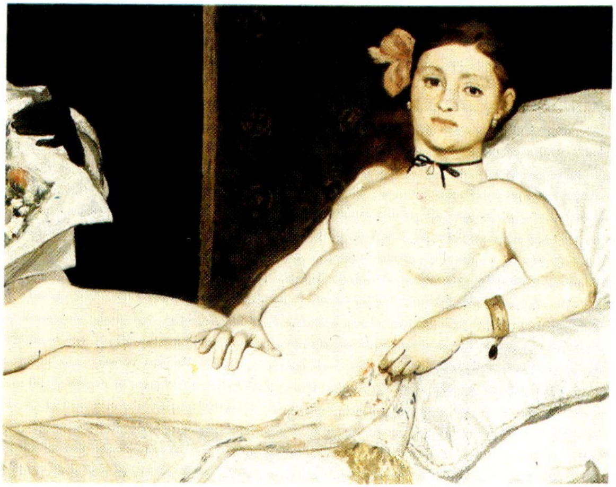

Der Akt der „Olympia“ von Manet weist kaum Schatten auf. Die Beleuchtung ist frontal. Die Körper werden im koloristischen Stil modelliert.

se lernen Sie am besten, wie man die Farben mischt und den richtigen Ton erreicht. Das folgende Bild habe ich ebenfalls nur mit diesen Farben gemalt.

Eine wichtige Übung

Hier eine Zusammenstellung von 24 Farben, die ich mit einem Sortiment von zehn Farben gemischt habe. Ich rate Ihnen, diese Übung ebenfalls durchzuführen und dafür die nachstehenden Farben zu verwenden.

Malen wie ein Valorist

Die Maler, die man als Valoristen bezeichnet (Chardin, Corot, Dali, Nonell etc.), begannen ihre Bilder normalerweise mit einer Vorzeichnung. Der valoristische Stil ist weitgehend durch eine seitliche Beleuchtung des Modells gekennzeichnet. Die Maler bauten ihr Bild auf der Eingangszeichnung auf, legten die Farben an, hoben die Formen hervor und betonten die Volumen, bis sie ein perfektes Spiel von Licht und Schatten erreicht hatten, das den bildhaften Aspekt ihres Werkes unterstrich. Denken Sie immer an Cézannes Antwort auf die Frage nach den beiden Möglichkeiten des Malens oder Zeichnens: „Wenn die Farbe in all ihrem Reichtum zur Geltung kommt, tritt die Form vollendet hervor . . ."

Malen wie ein Kolorist

Die als Koloristen bezeichneten Maler (Bernard, van Gogh, Matisse etc.) versuchten, ihre Modelle von vorn oder mit diffusem Licht zu beleuchten. Wenn Sie wie ein Kolorist malen möchten, sollten sie versuchen, die Gegenstände als Farbflecken zu betrachten und wiederzugeben. Sie malen von Beginn an und fertigen keinerlei Vorzeichnung an. Als Ergebnis erhalten Sie ein Werk, in dem sich kaum Schatten befinden.
Die Koloristen bevorzugten diesen Stil zum einen, weil er ihrer Ansicht nach abstrakter, kreativer und weniger akademisch war, zum anderen aber auch, weil „die Farbe alles ausdrücken kann, ohne daß man die Form gesondert herausarbeiten muß". Wie Bonnard schrieb: „Die Farbe kann ohne weiteres Hilfsmittel das Licht ausdrücken, die Volumen darstellen und ein bildhaftes Klima erzeugen."

Diese Ausschnitte meiner Bilder zeigen von oben nach unten die Harmonieskala der warmen Farben mit vorwiegend Gelb und Rot, die Harmonieskala der kalten Farben mit einer deutlichen Tendenz zu Blau und Grün und die Harmonieskala der gebrochenen Farben mit ihrem Graustich.

Die Harmonisierung der Farben

Ein Bild kann zum Beispiel in Farbtönen mit einem Ocker- oder Rotstich gemalt werden; dann besteht es aus der Skala der warmen Farben. Oder es wurde mit grünstichigen, bläulichen oder purpurstichigen Tönen angelegt, die zur Harmonieskala der kalten Farben gehören. Außerdem gibt es eine ganze Reihe von graustichigen Tönen und Farben, die zur Harmonieskala der gebrochenen Farben zählen. In der Praxis sollte der Maler vor Beginn seiner Arbeit genau untersuchen, mit welchem Licht sein Modell beleuchtet wird. Nachdem er sich entschieden hat, in welcher Harmonieskala er sein Bild anfertigen möchte, muß er sich an die einmal getroffene Wahl halten und diese sogar notfalls betonen. So gelangt er zu einem guten Bild.

Die Harmonieskala der warmen Farben

Theoretisch besteht die Harmonieskala der warmen Farben aus Gelbgrün, Gelb, Orange, Rot, Karmin, Purpur und Violett. In der Praxis benutzt der professionelle Künstler in diesem Fall die Farben Lichter Ocker, Rot, Umbra gebrannt, Krappkarmin, Permanentgrün, Smaragdgrün und Ultramarin.

Die Harmonieskala der kalten Farben

Theoretisch besteht die Harmonieskala der kalten Farben aus Grüngelb, Grün, Smaragdgrün, Blaugrün, Ultramarin dunkel und Violett. In der Praxis benutzen die Künstler dafür normalerweise die Farben Preußischblau, Ultramarin dunkel, Kobaltblau dunkel, Smaragdgrün, Permanentgrün, Krappkarmin dunkel, Umbra natur und Lichter Ocker.

Die Harmonieskala der gebrochenen Farben

Nehmen Sie zwei Farben, die zueinander komplementär sind, zum Beispiel Grün und ein leuchtendes Rot. Mischen Sie ein Teil Grün mit vier Teilen Rot und fügen Sie Weiß hinzu, erhalten Sie eine braune, khakiähnliche, ocker- oder grünstichige Farbe, die stets graustichig oder „schmutzig" ist. Je ausgewogener die Anteile der beiden Farbmengen sind, desto dunkler wird der erzielte Ton; je mehr Weiß Sie hinzufügen, desto graustichiger wird er. Sie können innerhalb der gebrochenen Farben zwischen einer warmen und einer kalten Skala wählen, denn keine Farbe braucht von den Mischungen ausgenommen zu werden.

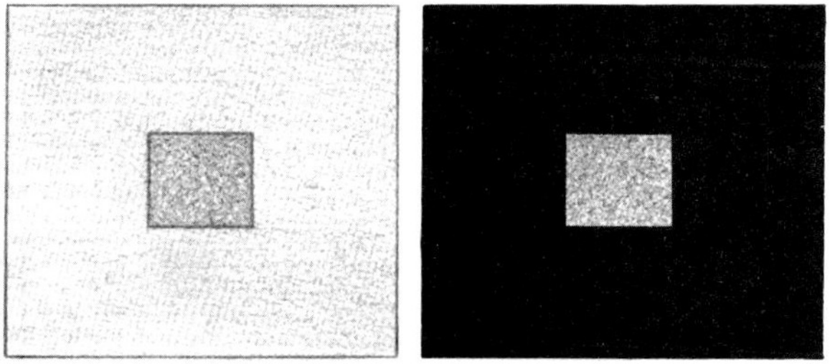

Zwei graue Flächen in genau demselben Ton. Trotzdem scheint das linke Viereck dunkler zu sein.

Die Farbkontraste

Malen Sie eine Zone Ihres Bildes mit einer dunklen Farbe, wirkt die Farbe der Umgebung automatisch heller. Diese Tatsache beruht auf dem Gesetz der Simultankontraste, das besagt: Eine Farbe wirkt um so heller, je dunkler der sie umgebende Ton ist und umgekehrt: Je dunkler der umgebende Ton ist, desto heller wirkt die Farbe.
Malen Sie also einen Grauton auf einen hellen Untergrund und genau denselben Ton anschließend innerhalb einer schwarzen Fläche, wirkt das erste Grau dunkler als das zweite.

Der maximale Farbkontrast

Den höchstmöglichen Kontrast erzielt man durch die Nebeneinanderstellung zweier Farben, die zueinander komplementär sind. Merken sie sich daher die wichtigsten Komplementärfarben:
Dunkelblau ist komplementär zu Gelb.
Rot ist komplementär zu Zyanblau.
Grün ist komplementär zu Purpur.
Die paarweise Nebeneinanderstellung dieser Farben ruft außerordentlich starke Kontraste hervor. Eine purpurrot gekleidete Gestalt vor einem

grünen Hintergrund ist zum Beispiel typisch für die Bilder der Fauves (eine Bewegung, die zu Beginn dieses Jahrhunderts in Frankreich ihren Anfang nahm. Herausragende Vertreter der Fauves waren André, Derrain, Matisse, Vlaminck etc.).

„Gebt mir eine Handvoll Dreck, und ich male Euch die Haut der Venus . . ."

. . .solange ich drumherum die Farbe meiner Wahl legen kann." Dieser Ausspruch von Delacroix illustriert hervorragend das Gesetz der Induktion von Komplementärfarben, das wie folgt lautet: Um eine bestimmte Farbe zu modifizieren, braucht man nur die Farbe des Hindergrunds zu verändern.

Fett oder mager

Ölfarben, wie sie aus der Tube kommen, und mehr noch mit Leinöl verdünnte Farben sind fett.

Eine gerissene Bildschicht, weil eine magere Farbschicht auf eine fette gelegt wurde. Die fette Schicht trocknete langsamer und ließ die magere Oberschicht reißen.

Verdünnt man die Ölfarben dagegen mit Terpentin, erhält man eine magere Farbe. Es versteht sich von selbst, daß die fette (öligere) Farbschicht langsamer trocknet als die magere, mit Terpentin verdünnte Lasur. Hier heißt es achtgeben! Malen Sie eine magere Farbschicht auf eine fette, trocknet die zweite Schicht schneller als die erste. Wird anschließend auch die darunterliegende fette Schicht trocken, zieht sie die obere magere zusammen und reißt. Das Bild weist Risse auf.

Diese Skizze habe ich auf dem „Rastro" in Madrid ohne jede Vorbereitung unmittelbar vor Ort angefertigt. So sollten Motive im Unterschied zu ausgearbeiteten Themen dargestellt werden.

Die Wahl des Themas

Das Thema im Sinne der klassischen Malerei ist für die modernen Künstler uninteressant geworden. „Sie selbst, Ihre eigenen Eindrücke, Ihre Gefühle angesichts der Natur sind das Thema", sagte Delacroix. Renoir sprach im Hinblick auf

die Vorstellung der Impressionisten von einem Bild von Motiven anstatt von Themen. „Es gibt sie im Haus und im Freien, kurz überall." Und er fügte hinzu: „Mir genügen schon zwei ganz gewöhnliche Schenkel."

Malen Sie keine Themen sondern Motive

Im Sinne der Impressionisten besteht der Unterschied zwischen einem Thema und einem Motiv darin, daß es sich bei ersterem um ein zuvor genau durchdachtes Werk handelt, das manchmal sogar eine Moral oder eine Botschaft beinhaltet. Es ist stets bis ins kleinste Detail berechnet, seine Farbgebung ist genauestens untersucht, und es weist eine besondere künstlerische Komposition auf. Das Motiv besteht dagegen aus einem natürlichen, lebendigen, spontanen Modell, das keinerlei Vorbereitung erfordert, also voll aus dem Leben gegriffen ist.

Eines Tages ging ich zum „Rastro" in Madrid. Da ich ihn für ein gutes Motiv hielt, machte ich ein paar Skizzen, um seine Mögichkeiten zu untersuchen und zu analysieren.

Man malt, wie man zeichnet

Ingres pflegte wiederholt zu sagen: „Wenn Sie gut zeichnen, können Sie noch besser malen." Die Ölmalerei bedeutet in der Tat eine ständige Übung im Zeichnen. Man baut bei der Herstellung eines zuvor skizzierten Bildes die Elemente mehrmals auf, verändert ihre Form und malt sie, während das Werk fortschreitet, erneut. Deshalb muß man sein Modell vor Beginn der eigentlichen Arbeit genau untersuchen und mit Bleistift, Pinsel oder einem anderen Zeichengerät Skizzen auf Papier anfertigen, anhand derer man das Modell, seinen Aufbau, seine Formen und die Volumen untersucht.

Kleinformatige Farbentwürfe

Haben Sie Ihr Motiv gewählt und sind Sie der Meinung, ein bedeutendes Werk malen zu können, sollten sie zumindest einen kleinformatigen Entwurf in Öl davon anfertigen und darin die Formen anordnen, interpretieren, komponieren und harmonisieren sowie die Kontraste und die Farben des Bildes festlegen.

Die Kunst der Komposition

Entsprechend der klassischen Forderung Platos sollten wir versuchen, in einem Bild

Einheit innerhalb der Vielfalt

zu erzielen.

Die folgende Abbildung zeigt in einer grafischen Studie, wie diese Regel anzuwenden ist. Die Komposition A weist aufgrund der Lage und Gruppierung der Elemente des Modells zuviel Einheit und Symmetrie auf. Diese Wirkung wird

noch dadurch unterstrichen, daß der Tischrand genau in der Bildmitte verläuft. In B sind die Elemente des Modells zu verstreut. Hier herrscht ein solches Übermaß an Vielfalt, daß es für das Auge unangenehm wird; C ist der Versuch einer Zwischenlösung; und in D finden wir ein angemessenes Ergebnis, also Einheit innerhalb der Vielfalt.

Einige Kompositionsmuster

Versuchen Sie, Ihr Modell so zu placieren (oder stellen Sie sich selbst entsprechend hin), daß seine Grundstruktur einem geometrischen Schema entspricht (siehe Beispiele auf der gegenüberliegenden Seite).

Die Betonung der dritten Dimension

Alle Gegenstände weisen in der Regel drei Dimensionen auf, nämlich Höhe, Breite und Tiefe. Aufgrund dieser drei Dimensionen und einer Reihe gedanklicher Prozesse, die wir normalerweise von Geburt an weiter ausbilden, können wir die Formen, Größen und Abstände zwischen den Elementen erkennen und unterscheiden. Eine Zeichnung oder ein Gemälde weisen jedoch nur zwei Dimensionen auf: die Höhe und Breite des Papiers bzw. der Leinwand. Die dritte Dimension, die Tiefe und damit das Relief oder Volumen der Körper, muß vom Künstler durch das

Bei der Komposition eines Bildes empfiehlt es sich, die Elemente sowie das Spiel von Licht und Schatten auf ein einfaches geometrisches Schema zu reduzieren.

Spiel von Licht und Schatten sowie die korrekten Maße und Proportionen der einzelnen Elemente des Modells und die Perspektive wiedergegeben werden. Für Landschaftsdarstellungen gibt es drei Möglichkeiten, das Gefühl einer dritten Dimension zu vermitteln.

Die Einfügung eines klar erkennbaren Vordergrunds

Nehmen Sie ein deutlich erkennbares Element in Ihr Bild auf – zum Beispiel einen Baum –, vergleicht der Betrachter dessen Größe instinktiv mit den Maßen der weiter entfernt liegenden Formen. Dadurch erkennt er die Entfernung und die Tiefe. Dies ist ein klassisches Verfahren der Kunst der Bildkomposition. Es betont die dritte Dimension.

Erzeugung von Tiefe mit Hilfe der Perspektive

Landschaften, Straßen und baumbestandene Wege weisen eine Perspektive auf. Die deutliche Verkleinerung der Elemente, je weiter diese sich vom Vordergrund entfernen, erzeugt automatisch ein Gefühl von Tiefe.

Die zwischengeschobene Atmosphäre

Dies ist vielleicht die wirksamste Methode, den Eindruck von Tiefe zu vermitteln. Bei einer weitläufigen Szene im Freien nimmt der Farbkontrast bei zunehmender Entfernung vom Betrachter aufgrund der dazwischenliegenden Atmosphäre ständig ab. Dieses Phänomen tritt an sehr klaren Tagen nur gering auf, macht sich bei Dunst oder Nebel jedoch besonders stark bemerkbar. Der Künstler kann diese zwischengeschobene At-

Die Abbildung beweist die Wirkung eines großen Körpers im Vordergrund eines Bildes, hier einer Landschaft. Der Baum auf der linken Seite verleiht dem Werk Tiefe und gibt dem Betrachter ein Gefühl für die Entfernung der Ortschaft.
Rechts: Tiefe und Entfernung können auch durch die zwischengeschobene Atmosphäre ausgedrückt werden. Die hinteren Ebenen weisen zunehmend geringere Kontraste auf. Dies zeigt sich selbst an klaren Tagen und ist bei Dunst und Nebel besonders deutlich sichtbar. Der erfahrene Künstler kann diese Wirkung noch unterstreichen, wie diese Skizze beweist.

mosphäre in seinem Werk leicht unterstreichen, insbesondere wenn sein Modell nahe, mittlere und ferne Elemente beinhaltet, wie zum Beispiel eine Hügelkette oder einen Gebirgszug, der sich bis zum Horizont erstreckt.

Die schwierige Kunst der Interpretation
Jetzt kommen wir zu dem heiklen Augenblick, wo der Künstler beginnt, sein Modell eingehend zu betrachten, es gedanklich zu verwandeln und sich mit veränderten Formen und Farben vorzustellen. Er spürt das erregende Gefühl, etwas Eigenes zu schaffen. Mit einem Wort: er interpretiert. Dies ist vermutlich der kreativste Moment des schöpferischen Prozesses. Am schwierigsten ist es allerdings, vom Gedanken zur Tat zu schreiten und dabei die ursprüngliche Idee beizubehalten. Wie der Impressionist Bonnard sehr richtig sagte: „Ein Bild ist im Prinzip eine Idee."

Nur geht die Eingangsidee bei der Betrachtung des Modells, das den Maler fatalerweise völlig gefangennimmt und dominiert, häufig verloren. Wenn dies geschieht, kann der Künstler keine eigene Schöpfung mehr erreichen. Außer Cé-

zanne fürchteten alle Impressionisten diesen Einfluß des Modells. Nur Cézanne war in der Lage, seine Staffelei zu nehmen, sich ein Bild vorzustellen und es genau nach seiner Eingangsidee zu malen, ohne sich von fremden Gedanken beeinflussen zu lassen. Es ist nicht bekannt, wie es Cézanne gelang, sich derart über das Modell hinwegzusetzen und bei seiner ursprünglichen Idee zu bleiben. Fest steht jedoch, daß er dasselbe Modell immer wieder malte, es betrachtete und untersuchte, bis er es aus dem Gedächtnis darstellen konnte. Als Extrem malte er den Mont Saint Victoire sogar fünfundfünfzigmal, und jedes Bild wurde anders.

Ein alter Trick zum Studium des Bildausschnitts

Sie kennen dieses Hilfsmittel vermutlich. Es besteht aus einem schwarzen Papprahmen von 24 × 20 cm mit einem Ausschnitt von 14 × 10 cm. Diesen Rahmen halten Sie vor das ausgewählte Modell und bestimmen durch Verschieben den besten Bildausschnitt. Dasselbe erreichen Sie auch mit Hilfe der zu einem Rechteck zusammengelegten Hände oder mit vier Pinseln.

Kneifen Sie die Augen zusammen

Wenn Sie die Augen zur Hälfte schließen, verschwinden die kleinen Einzelheiten, und Sie finden die Blöcke, die Formen und die Farben besser heraus. Dies ist ein wichtiger Schritt, mit dem Sie das Motiv auf Anhieb richtig erfassen. Erkennen Sie jetzt immer noch eine Unmenge kleiner Flecken, weist das Modell eindeutig eine zu große Vielfalt auf. Dann sollten Sie die Einzelheiten möglichst fortlassen, wie Ingres es riet, und nur die großen Volumen und Flächen wiedergeben, die die gute Komposition ausmachen.

Das Problem des Blendens

Von Manet gibt es ein berühmtes Bild mit dem Titel „Manet malt auf der Seine". Auf ihm sitzt der Maler unter einem Dachsegel in einem Boot und malt im hellen Sonnenschein. Ein Bild von Renoir zeigt den Künstler malend unter einem großen Sonnenschirm. Wenn die Sonne mittags im Zenit steht, blenden die Farben auf der Leinwand, vor allem das Weiß, und man greift automatisch zu einer dunkleren Farbpalette. Hängt man das Bild später bei normaler Beleuchtung in der Wohnung auf, wirken die Farben eher düster. Es ist also nicht ratsam, in der prallen Sonne mit einer zu stark beschienenen Leinwand zu arbeiten, da sich die Farben und Kontraste sehr

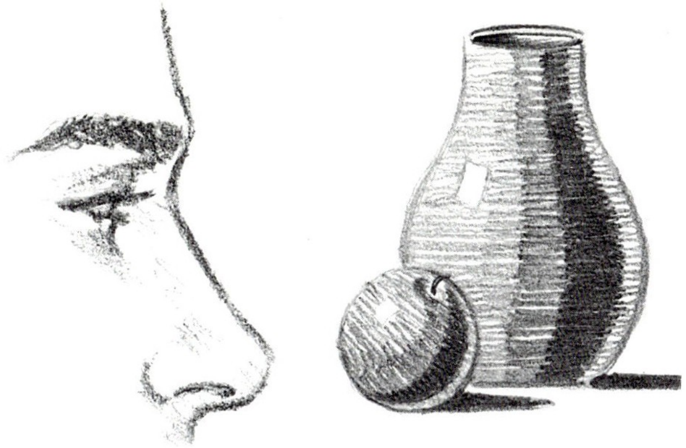

verändern. Malen Sie dann entweder im Schatten, oder verschieben Sie Ihre Arbeit auf später.

Die beste Zeit zum Malen im Freien

Bei bewölktem Himmel können Sie zu jeder Tageszeit malen. Bei klarem Himmel und starker Sonneneinstrahlung arbeitet man am besten

zwischen 9 Uhr und 11 Uhr morgens und 16 Uhr bis 18 Uhr nachmittags, im Sommer auch bis 19 Uhr. Arbeiten Sie im koloristischen Stil, sind die Mittagsstunden ebenfalls geeignet, wenn nicht sogar besser. Allerdings müssen Sie im Schatten malen. In der prallen Sonne um 13 Uhr oder 14 Uhr taucht das Problem des Blendens auf, von dem bereits die Rede war.

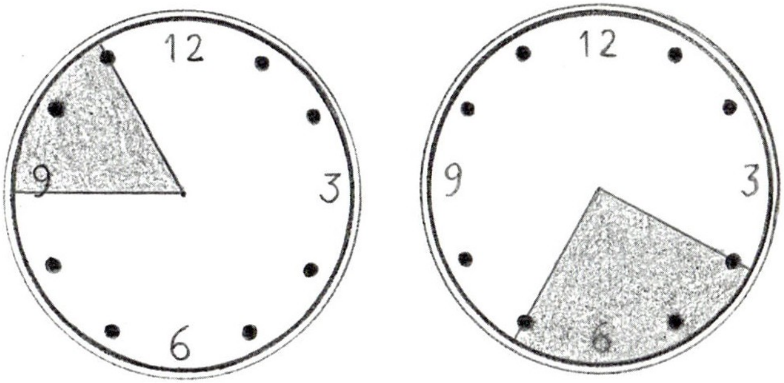

Die Lasurtechnik

Die Lasur ist eine transparente Farbschicht, die mit einem Pinsel auf die Leinwand aufgetragen wird, um dort entweder eine bestimmte Farbe anzulegen oder eine bereits bestehende Farbe zu verändern. Man benutzt dazu Tubenfarben, die stark mit Leinöl und Terpentin verdünnt werden.

Die Mischung muß unbedingt flüssig sein. Die Lasurtechnik gleicht der Arbeit mit Aquarellfarbe. Grundsätzlich trägt man also eine Farbschicht nach der anderen auf, bis man die gewünschte Nuance erhalten hat. Es besteht allerdings ein wichtiger Unterschied: Während sich ein guter Aquarellmaler bemüht, seine Farbe mit einer einzigen Schicht zu erreichen, muß der Ölmaler bei

Bei der Primatechnik wird stets ein ganz bestimmter Eindruck wiedergegeben, der sich in einer freien, spontanen Form ähnlich dem impressionistischen Stil ausdrückt.

der Lasurtechnik zahlreiche Schichten übereinanderlegen, um die Transparenz, die Leuchtkraft und den Farbenreichtum, der für die Öllasur typisch ist, zu erzielen. Für eine leuchtende Lasur ist ein heller Hintergrund erforderlich. Ein mit Lasuren angelegtes leuchtend rotes Kleid muß auf Weiß oder einer hellen Farbe liegen.

Die Primatechnik

Ein Beispiel für diese Technik ist das in einer einzigen Sitzung fertiggestellte Bild. Wichtige Vorbereitungen dafür sind Entwürfe und Skizzen sowie rasche zeichnerische Notizen. Das gilt für alle Arbeiten, bei denen sich der Künstler in der Hoffnung, ein spontanes Werk zu erreichen, auf eine einzige Sitzung beschränkt. Folgende Bedingungen müssen dafür erfüllt werden: 1. Der Maler muß von Anfang an sein fertiges Bild vor Augen haben. 2. Der Maler muß von Beginn an gleichzeitig seine ursprüngliche Idee umsetzen und die Formen und Farben endgültig festlegen. 3. Das Bild sollte normalerweise vom ersten Augenblick an mit einer pastosen Farbe gemalt werden. Es handelt sich also um eine wirklich schwierige Technik, mit der man jedoch bei einem vollkommenen Einklang von Zeichnung, Form und Farbe ein eindrucksvolles Ergebnis erzielt.

Ein Bild in drei oder vier Stunden

Hier ein paar Ratschläge für die Primatechnik. Beginnen Sie Ihr Bild mit einem flachen oder runden Pinsel Nr. 4 oder Nr. 6. Malen Sie mit einem Grau, Graublau oder Siena (sehr geeignet ist eine Mischung aus Preußischblau und Umbra gebrannt mit ein wenig Weiß), das mit viel Terpentin verdünnt wird (siehe A). Fahren Sie mit dicken Pinseln von Nr. 12 aufwärts fort, und malen Sie zunächst die größeren Flächen, um die gesamte Leinwand mit Farbe zu bedecken. Bemühen Sie sich, gleich den richtigen Farbton zu erzielen; malen Sie endgültig (B). Anschließend bauen Sie die Formen und die Einzelheiten der Elemente auf. Sie müssen restlos fertiggestellt werden, als hätten Sie keine Möglichkeit der Überarbeitung. Beachten Sie zum Beispiel, daß die Weinflasche in dem Stilleben im Café gleich zu Beginn mit wenigen Pinselstrichen dargestellt

Hier die vier Stadien der Herstellung eines Bildes – in unserem Fall eines Stillebens – in höchstens vier Stunden. Links oben ist das Modell mit Preußischblau und Siena gebrannt aufgebaut worden (A). Links unten sehen wir, wie die Leinwand mit einer Eingangsfarbe bedeckt wurde (B). Rechts oben bauten wir die Formen und die Einzelheiten auf (C) und sehen darunter das fertige Bild (D).

wurde (C). Lassen Sie sich nun etwas Zeit, betrachten Sie Ihre Arbeit und versuchen Sie, einige Einzelheiten wie die Reflexe, die Spitzlichter etc. hinzuzufügen.
Vielleicht müssen Sie in diesem letzten Stadium dünnere Pinsel – gegebenenfalls aus Rotmar-

derhaar – benutzen, um auf der vorigen Farbschicht, die noch feucht ist, arbeiten zu können (D).

Die Technik der Schichtenmalerei
Bei der Schichtenmalerei wird ein Bild in mehreren Sitzungen fertiggestellt. Man malt und übermalt auf der trockenen oder halbtrockenen vorigen Schicht und verbessert ständig Zeichnung und Ausarbeitung sowie die Farben. Die Technik der Schichtenmalerei unterscheidet sich von Anfang an völlig von der Primatechnik. Bei der Schichtenmalerei befaßt man sich zunächst mit der Zeichnung und der Anlage von Licht und Schatten. Die Farbgebung ist in diesem Stadium noch nebensächlich. Erst wenn der Aufbau der Zeichnung nach zwei oder mehreren Sitzungen restlos beendet ist, kommt die Farbe ins Spiel und wird ebenfalls in mehreren Sitzungen angelegt, wobei jede Schicht zuvor völlig getrocknet sein muß. Auf diese Weise werden die Farbintensität und die Kontraste laufend verstärkt.

Mehrere Tage (oder Wochen) für ein Bild
Betrachten wir nun, wie sich ein Bild bei der Schichtenmalerei entwickelt. Das erste Stadium, in dem der Künstler zeichnet und aufbaut, beginnt mit einer beinahe monochromen Farbschicht aus einem grünlichen Ocker, einem rötlichen Siena etc. und je nach der Harmonieskala, für die man sich zuvor entschieden hat, einem warmen oder kalten Graustich. Mit Hilfe des Weiß der Leinwand zeichnen und modellieren Sie das gesamte Bild und unterstreichen die

Ich hatte das Glück, bei der Anfertigung dieses Ölgemäldes von Francesc Serra anwesend zu sein und mitzuerleben, wie der Künstler in zahlreichen Sitzungen Schicht für Schicht an-

legte, bis er dieses gut vorbereitete, heitere, eines Meisters würdige Ergebnis erzielte.

Werte und die Kontraste. Auf dieser soliden Grundlage – dem Farbbett, wie Rembrandt, Tizian und Velasquez es nannten –, beginnen Sie, die eigentliche Farbe in dickeren Schichten aufzutragen. Die ersten dünnen Schichten werden ausschließlich mit Terpentin als Verdünner gemalt. Man verwendet zu Beginn also keinerlei Leinöl. Die oberen Schichten bestehen aus der Farbe, wie sie aus der Tube kommt, oder einer Mischung mit Medium. Die Saugfähigkeit der unteren Schichten trägt zur rascheren Trocknung der oberen Schichten bei, so daß diese immer wieder übermalt werden können und man darauf sogar kratzen oder reiben darf.

Saubere Pinsel, saubere Palette, saubere Farben

Die Sauberkeit trägt wesentlich zum Erfolg eines Ölgemäldes bei. Mit Hilfe sauberer Pinsel, einer sauberen Palette und sauberer Farben verhindern Sie, daß Sie in die sogenannte Graufalle geraten. Der unerfahrene Hobbymaler stellt häufig fest, daß seine Farben, sein Bild und seine Palette stumpf werden, daß sie unwiederbringlich in einem Grausumpf versinken und es an Reinheit und Sattheit fehlen lassen. Die absolute Sauberkeit der Farben, der Palette und insbesondere der Pinsel ist lebenswichtig. Beachtet der Maler diesen Grundsatz nicht genügend, erhält er eine monotone Farbgebung ohne Kontraste und mit einem deutlichen Graustich.

Sorgen Sie rechtzeitig für Ersatzfarben

Dies mag ein unnötiger Hinweis sein; er sollte jedoch nicht in Vergessenheit geraten. Achten Sie darauf, daß Sie von allen Farben stets eine Ersatztube auf Vorrat haben, damit Sie Ihre Arbeit nicht plötzlich unterbrechen müssen. Dies gilt nicht nur für Weiß, von dem immer eine größere Menge vorhanden sein sollte, sondern auch für alle anderen Farben. Es ist außerordentlich unangenehm, mitten in der Arbeit aufhören zu müssen, weil kein Ocker oder Blau mehr vorhanden ist, das Sie unbedingt für eine bestimmte Mischung benötigen. Geschieht dies im Urlaub weit auf dem Lande, ist die Enttäuschung um so ärgerlicher.

Wenn der Verschluß klemmt

Ich meine natürlich die Metallklappe der Ölfarbtuben. Sind sie nicht ordentlich verschlossen worden und ist die Farbe angetrocknet, lassen sie sich nur schwer öffnen. Versuchen Sie es bitte nicht mit Gewalt. Sie verbiegen die Tube nur, und das Metall reißt ein. Zünden Sie ein Streichholz oder ein Feuerzeug an, und halten Sie die Flamme unter den Verschluß. Anschließend können Sie die Tube mühelos und ohne sich zu verbrennen mit einem Lappen öffnen.

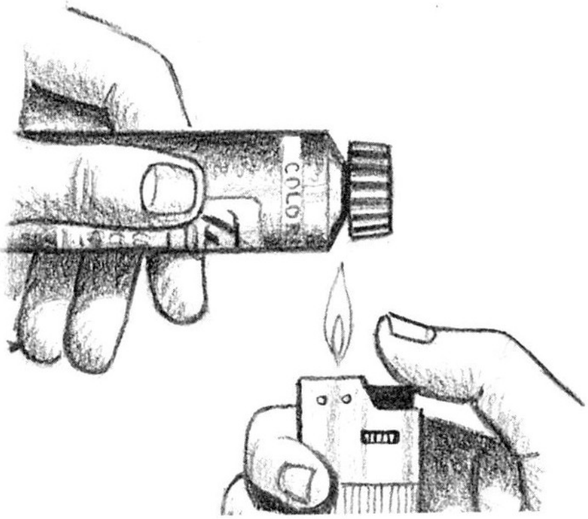

Dies ist ein guter Trick, um klemmende Verschlüsse von Ölfarbtuben zu lösen.

Ein Hut mit breiter Krempe für das Land

Ein Hut leistet oft gute Dienste. Ob er aus Stroh, Filz oder Velour besteht, ist unwichtig, solange er nur kühlt. Mit einem Hut auf dem Kopf verhindern Sie einen Sonnenstich, wenn Sie im Sommer in der prallen Sonne auf freiem Feld arbeiten. Ersatzweise können Sie auch ein geknotetes Taschentuch auf den Kopf legen.

Ein Kofferradio ist nützlich

Besitzen Sie ein Kofferradio oder einen tragbaren Kassettenrecorder, nehmen Sie das Gerät mit, damit Sie während des Malens Musik hören können. Die meisten Kunstmaler lassen in ihrem Atelier Musik spielen. Das können Sie ebenfalls bei der Arbeit im Freien.

Auch ein Schirm ist wichtig

Es kann sich sowohl um einen Regenschirm als auch um einen Sonnenschirm handeln. Bei der Arbeit im Freien in der prallen Sonne läuft man häufig Gefahr, daß das Licht blendet und man die Leuchtkraft seiner Farben nicht richtig einschätzt. In derartigen Fällen leistet ein Schirm gute Dienste. Er schützt den Kopf vor der Sonne und hält die Leinwand im Schatten, so daß Sie eine klare Vorstellung von den Farben und Kontrasten erhalten.

Eine Kühlbox leistet gute Dienste

Wenn Sie im Sommer auf dem Lande zwei oder drei Stunden intensiv in der prallen Sonne malen, bekommen Sie mit Sicherheit Durst. Neh-

men Sie daher drei oder vier Flaschen in einer kleinen Kühlbox oder einer Kühltasche mit und legen Sie sie zwischen Eiswürfel oder Kühlelemente, um Ihren Durst während des Malens mit einem kühlen Getränk löschen zu können.

Nützliches Zubehör: ein Fotoapparat

Es ist zweifellos sinnvoll, beim Malen immer einen Fotoapparat zur Hand zu haben. Abgesehen von der Möglichkeit, verschiedene Themen während Ihres Ausflugs zu fotografieren und sich in der Komposition, dem Aufbau und dem richtigen Standort zu üben, sollten Sie auch das Motiv

aufnehmen, das Sie gerade malen. Dann können Sie beim Retuschieren oder bei den Abschlußarbeiten im Atelier Ihr Werk noch einmal mit der Vorlage vergleichen. Natürlich muß es sich um Farbaufnahmen handeln.

Tragen Sie alte Kleidung

Viele Kunstmaler tragen im Atelier einen Staubmantel oder einen Kittel, um ungezwungener arbeiten zu können und sich nicht wegen eventueller Flecken auf ihrer guten Kleidung in acht nehmen zu müssen. Im Freien macht man in einem Kittel vielleicht keine gute Figur. Sie können im Sommer aber in einem alten Hemd arbeiten und im Winter eine abgetragene Strickjacke überziehen, damit die Hausfrau nicht schimpft und Sie selbst sich wohl fühlen.

Eine Schnur muß zur Hand sein

Manchmal benötigen Sie zur Lösung kleinerer Probleme eine Schnur: Ihr Malkasten läßt sich nicht richtig schließen; Sie wissen nicht, wie Sie all Ihre Sachen wieder nach Hause tragen sollen, ein Bein Ihres Hockers oder Stuhls hat sich gelöst; Ihre Staffelei will nicht stehenbleiben, weil die Scharniere ausgeleiert sind oder irgend etwas gebrochen ist. Oder sie läßt sich nicht zusammenlegen, weil eines der Haltebänder gerissen ist.

Hier eine ganz simple Möglichkeit, eine Feldstaffelei zu stabilisieren. Herrscht zuviel Wind, braucht man nur einen Stein mit einer Schnur an dem oberen Holm zu befestigen, um das Schwanken der Staffelei zu verhindern.

Wenn die Feldstaffelei schwankt

Ist es draußen zu windig, reagiert die Leinwand wie das Segel eines Bootes. Kommt Wind auf, werden Staffelei und Malgrund instabil. Suchen Sie sich dann einen ziemlich großen Stein, und hängen Sie ihn mit einer Schnur an den oberen Holm der Staffelei, wie rechts unten auf Seite 32 zu sehen. Wird der Wind allerdings zu stark, sollte man die Staffelei zusammenlegen und das Weitermalen auf einen späteren Zeitpunkt verschieben.

Die Wiederverwendung einer alten Leinwand

Mit einer alten Leinwand läßt sich noch eine Menge anfangen. Werfen Sie sie keinesfalls fort. Überziehen Sie sie mit einer gleichmäßigen, einfarbigen, neutralen Farbe (Grau, Beige oder helles Siena), erhalten Sie einen neuen gebrauchsfertigen Malgrund mit vorbereitetem Hintergrund, dessen Farbe Sie bei Ihrem nächsten Werk berücksichtigen können. Benötigen Sie die Leinwand in der alten Form nicht mehr und befindet sich noch eine dickere Farbschicht oder ein wertloses Bild darauf, lassen sich durch Übermalen Spachtelwirkungen und starke Striche ähnlich denen van Goghs erzielen.

Öfter mal eine Pause

Nehmen Sie sich Zeit. Machen Sie es wie die Ruderer, die die Riemen kräftig durch das Wasser ziehen und dann eine Ruhepause einlegen. Stehen Sie von Zeit zu Zeit auf, lassen Sie das Bild beiseite, rauchen Sie eine Zigarette, reinigen Sie die Pinsel und die Palette. Entspannen Sie sich, und kehren Sie mit einem besseren Gespür dafür, was gelungen ist und was noch verbessert werden könnte, an die Arbeit zurück. Betrachten Sie Ihr Bild mit neuen Augen, und behalten Sie während des Malens immer das Ganze im Sinn.

Hören Sie rechtzeitig auf

Nichts ist schwieriger für einen Künstler, als sich „zum richtigen Zeitpunkt“ zurückzuziehen und mit dem Malen aufzuhören, bevor sich das Bild in ein zu glattes, zu perfektes, ausdrucksloses Werk verwandelt. Lieber ein unvollkommenes, unfertiges Bild, das seine Spontanität und Frische bewahrt hat, als eine überperfekte Arbeit. Der berühmte Maler Paul Gauguin sagte zu diesem Thema: „Arbeiten Sie Ihr Werk nie zu stark aus. Ein glücklicher Eindruck dauert nur so lange, wie die Frische anhält und nicht von unzähligen Einzelheiten zugedeckt wird.“ Beschließen Sie also rechtzeitig, Schluß zu machen und Ihr Werk zu signieren.

Signieren Sie wie ein Profi

Signieren Sie in einer unauffälligen Farbe. Benutzen Sie dafür kein leuchtendes Rot oder Blau wie ein unerfahrener Hobbymaler. Wählen Sie für Ihre Signatur eine angemessene Größe, und legen Sie sie an keine zu auffällige Stelle, zum Beispiel in eine Ecke des Bildes. Bedenken Sie, daß der Betrachter nach der Signatur Ausschau halten wird, falls ihm Ihr Werk gefällt. Ist Ihr Bild dagegen mißlungen, weshalb dann hinausschreien: „Der Künstler bin ich!"

Die Kosten für ein Ölgemälde

Um Ihnen eine Vorstellung für die Kalkulation der Kosten Ihres Ölbildes zu vermitteln, möchte ich Ihnen ein konkretes Beispiel für ein Landschaftsbild Nr. 12 geben (also eine normale, ziemlich kleine Leinwand). Meine Berechnung basiert auf folgenden Faktoren: Fixkosten für das Atelier (Miete, Strom, Wasser, Telefon etc.): rund 30 DM pro Bild; Materialkosten (Leinwand, Nr. 12, Farben, Verdünner etc.): 35 DM; Abschreibung für Werkzeug (also Staffelei, Beistelltisch, Hocker, Pinsel, Palette etc.): 15 DM; Rahmen: 50 DM; Arbeitszeit (6 Stunden à 20 DM): 120 DM. Gesamtkosten: 250 DM. Dies ist, wie gesagt, nur ein Beispiel für die Kalkulation. Natürlich müssen Sie bei den jeweiligen Faktoren Ihre eigenen Kosten einsetzen, um den Herstellungspreis so korrekt wie möglich zu ermitteln.

Der Verkaufspreis eines Ölgemäldes

Es gibt eine internationale Standardtabelle für Keilrahmen, die von allen Herstellern verwendet wird. Interessant ist, daß sich der Preis für ein Gemälde in manchen Ländern nach der Nummer des Keilrahmens richtet. Das geschieht folgendermaßen: Die Keilrahmennummer wird in Punkten ausgedrückt. Ein Keilrahmen Nr. 4 entspricht also vier Punkten, ein Keilrahmen Nummer 30 entspricht dreißig Punkten etc. Für jeden

Maler wird entsprechend seinen künstlerischen Fähigkeiten ein gewisser Wert pro Punkt angesetzt. Nehmen wir einmal an, der Wert des Künstlers X beträgt 150 DM pro Punkt. Multipliziert man diesen Wert mit der Anzahl der Punkte für den Keilrahmen, erhält man den Verkaufspreis des Bildes. In unserem Beispiel würde der Künstler sein Bild mit dem Keilrahmen Nr. 12 also für 1800 DM verkaufen.

Die Zeit spielt keine Rolle

Wieviel Zeit benötigt man, um ein gutes Bild zu malen? Auf diese Frage kann es keine präzise Antwort geben. Für ein Kunstwerk, das bewundert wird und etwas auszusagen hat, spielt der Zeitfaktor keine Rolle. Einem Gerücht zufolge brauchte Leonardo da Vinci für sein berühmtes Gemälde „Mona Lisa“ volle elf Jahre. Sie soll seine Geliebte gewesen sein, was vielleicht den großen Zeitaufwand rechtfertigt. Im Gegensatz dazu entstanden die sowohl kunstgeschichtlich als auch wirtschaftlich hochgehandelten Werke der Impressionisten – zum Beispiel Monets „Impression – Sonnenaufgang“ – in nicht mehr als zwei Stunden. Die Zeit spielt also allen Ernstes keine Rolle. Um etwas in der Malerei zu erreichen, müssen Sie, auch wenn Sie nicht den Genius eines Cézanne besitzen, sich zwingen, eine Menge zu arbeiten und dabei ebenso demütig und ausdauernd zu bleiben wie Cézanne, Degas („Ich bin geboren, um zu malen“) oder Ingres. Es heißt, daß Ingres ein Jahr vor seinem Tod im Alter von 86 Jahren noch den Ausschnitt eines Bildes von Giotto kopierte. Auf die Frage, weshalb er dies tue, antwortete der Künstler: „Um zu lernen.“

D1849578